und entdecke die tiefere Bedeutung

ULRICH SCHAFFER

Fotokunst-Verlag Groh
Wörthsee bei München

© 1989 Fotokunst-Verlag Groh
Wörthsee bei München
Text, Fotos und Konzept: Ulrich Schaffer
Schriftgrafik/Umschlag: Friedrich Peter
ISBN 3-89008-768-X

Wir wollen meistens das Leid loswerden und vergrößern es dadurch oft. Wir verdrängen es, und es beginnt uns von innen zu zerstören. So verpassen wir die Geschenke, die wir vom Leid empfangen könnten. Das Leid anzusehen, es nicht zu verdrängen, bietet uns die Möglichkeit, das Oberflächliche hinter uns zu lassen. Leid ist zwar nicht tiefer als Glück, aber es kann uns manchmal zu Fragen zwingen, die wir sonst nicht stellen würden: Was ist der Sinn? Ist das, was ich erlebe, wirklich alles im Leben? Gibt es ein Leben nach dem Leben?

Leid bietet uns die Chance zu wachsen, weil wir die Illusionen verlieren, die uns abhalten, der Person zu begegnen, die wir sind. Mit diesen Texten möchte ich das Leid artikulieren, ihm Namen und Gesicht geben. Es zu benennen ist manchmal der erste Schritt, es in meinen Dienst zu stellen. Es ist dann nicht nur ein dumpfes Gefühl, das mich beschwert, sondern es setzt sich zusammen aus Situationen, Menschen, Umständen, mit denen ich umgehen kann, zu denen ich Stellung nehmen kann. Das Leid verliert so seine namenlose, beängstigende Gewalt und wird zu einer Herausforderung.

Es gibt Momente tiefster Unsicherheit.
Das ganze Leben scheint dann gefährdet zu sein.
Alles ist so vorläufig, sehr zerbrechlich
und vergänglich. Daran leide ich.

Aber gerade das Leiden an diesem Zustand
öffnet mich für die Zartheit des Lebens.
Weil ich überhaupt spüre,
spüre ich auch die Zerbrechlichkeit.
Weil ich um den Tod weiß,
erfahre ich das Leben dichter.
Würde ich mich verschanzen
hinter Systemen und Sprüchen,
würde ich mich auch meinen feinen Regungen
und Reaktionen auf die Welt um mich verschließen.

Es ist der Preis der Empfindsamkeit
und des Lebendigseins.
Darum denke ich bewußt an den Tod;
ich will mit meinem Geist, mit meiner Seele
und mit den Zellen meines Körpers wissen,
daß ich sterblich bin, damit ich weise werde.
Ich will mich nicht vom Leid lähmen lassen,
sondern es einsetzen auf meinem Weg in die Reife.

*Ich leide an dem Hang des Menschen, zu zerstören.
Jede Woche stirbt eine weitere Tiergattung aus.
Wenn wir uns ausbreiten, nehmen wir wenig Rücksicht
auf andere Lebensformen.
Wir roden die Wälder,
wir überfischen das Meer,
wir verseuchen die Atmosphäre,
wir experimentieren mit Tieren
und opfern sie, um selbst besser leben zu können.
Wir haben uns die Erde unterworfen
und tun so, als ob wir nicht zu ihr gehören,
sondern alles beherrschen müssen.
Wir zerstören das Gleichgewicht,
von dem auch wir abhängig sind.*

*Ich merke, wie schwer es ist,
da nicht mitbeteiligt zu sein.
Ich gehöre zu der Spezies „Mensch"
und bin mitschuldig.*

*Ich leide an meiner Unfähigkeit,
die Meinung des anderen
auch wirklich gelten zu lassen.
Ich verteidige meine Sichtweise so,
als ginge es um mein Leben,
und glaube natürlich auch,
daß es der beste Blickwinkel ist.*

*Manchmal
bin ich in mir gefangen
und finde nicht hinaus in die Welt
anderer Anschauungen und ihrer Wirklichkeiten.*

*Ich leide oberflächlich,
um mir so das tiefere Leid zu ersparen.
Es ist ein Trick,
mit dem ich mich selbst immer wieder täusche.*

*Schon kleine Schmerzen bezeichne ich als Leid,
um so das größere Leid
nicht an mich herankommen zu lassen.*

*Dann tue ich mir leid,
ich klage mein Schicksal an
und vergleiche mich mit anderen,
denen es besser geht.*

*Damit mache ich das wirkliche Leid lächerlich,
doch das will ich nicht.
Ich will mich selbst herausfordern
und zum Wachstum ermuntern.*

*Ich will die Tiefen zulassen.
Ich will mich dem Leid in der Welt aussetzen
und es als mein Leid annehmen.
Ich will mich nicht von den Leidenden trennen,
sondern zu ihnen stehen.*

*Die Menschen sind geteilter Meinung,
warum es so viel Leid in der Welt gibt.
Für die einen ist es der Beweis,
daß es keinen Gott gibt.
Für die anderen ist es der Prüfstein,
an dem sie reifen und Gott näherkommen.*

*Kann man noch an irgend etwas glauben,
wenn es so viel Leid im Leben gibt?
Kann man es sich leisten,
gerade dann nicht mehr zu glauben?
Auch das ist wieder eine Entscheidung.*

*Vielleicht komme ich ohne Beweise und Prüfsteine aus
und entscheide mich als Erwachsener,
wie ich die Welt sehen will.
Ich muß nicht mehr nach außen gehen,
sondern in mich hineinhören und feststellen,
welcher Glaube mich mehr zum Leben befähigt
und durch welche Einstellung
mehr Lebensförderndes von mir ausgeht.*

*Ich leide
und suche nach dem Schuldigen,
durch den dies Leid in mein Leben gekommen ist.
Dahinter verbirgt sich der Glaube,
daß es Leben ohne Leiden geben kann
und jedes Leid darum abzuschaffen ist.*

*Das ist der sentimentale Glaube,
der versucht, Licht ohne Schatten
und Freiheit ohne Grenzen zu schaffen
und zu wachsen, ohne zu sterben.
Es ist der Glaube an die heile Welt,
der so zerstörend ist,
weil er unfähig ist, Gegensätze zu verbinden
und sie als Einheit zu sehen.*

*Der Mensch, der leidlos leben will,
bürdet damit anderen doppeltes Leid auf.
Ich will das Leid reduzieren,
nicht verdoppeln.*

*Ich kenne einen ungesunden Hang zum Leiden,
als würde das Leid selbst schon retten.
Irgendwann habe ich gelernt,
das Leid zu glorifizieren;
vielleicht, um an den bestehenden Mißständen
nichts ändern zu müssen.
Zu dieser Auffassung gehört dann auch
der Gehorsam, bei dem es keine Auflehnung gibt,
und die Geduld, die das Ertragen möglich macht.
Und die „Liebe", die alles zudeckt
und nicht konfrontiert.*

*Aber das ist nicht der reife Umgang mit Leid,
den ich mir wünsche.
Es ist Verantwortungslosigkeit, Flucht
und eine Verdrehung all dessen,
was zum Leben führt.*

*Ich werde diesen Hang in mir ausmerzen
und das unvermeidbare Leid
von dem vermeidbaren Leid unterscheiden,
dann mit dem einen immer besser umgehen lernen
und das andere zu verhindern suchen.*

*Ich kenne die Momente,
in denen sich alles zuzieht
und mir keine Auswege mehr bleiben.
Ein Panzer legt sich um mich,
und in mir steht die Verzweiflung auf,
erschreckend und tötend.*

*Ich suche nach den üblichen Entgegnungen,
aber sie klingen alle hohl.
Diesmal finde ich keinen Ausweg.*

*Dann beginne ich zu kämpfen,
ich setze etwas ein,
ich lasse mich nicht kleinkriegen,
ich halte durch.
Dabei begegne ich mir selbst neu.
Ich spüre in mir die Kraft meines Lebenswillens
und gehe gegen die Bedrohung
und den Verlust des Sinns an.
Langsam wird die Zerstörung
in mir zurückgedrängt. Es gibt wieder Hoffnung.*

*Es war das Leid,
das ungeahnte Energien in mir freigesetzt hat.*

Ich leide an dem Dunklen,
das über dem Menschen zu liegen scheint.
Immer wieder neu überwältigt mich die Tragik
aller menschlichen Unternehmungen.
Als würde alles, was wir tun,
immer wieder in Versagen getaucht.
Wir bekämpfen uns gegenseitig,
wir foltern und erpressen uns.
Jede erlangte Freiheit wird bald wieder
zu einer neuen Tyrannei.
Wir ideologisieren fast jeden Gedanken
und machen daraus ein Gesetz,
das wir anderen aufbürden.
Selbst die Liebe pervertieren wir
und machen aus ihr einen Konsumartikel.
Wir versklaven, entmündigen, verteufeln
und verdammen im Namen einer höheren Idee.
Das sind dunkle Tage.

*Ich leide an meinem fehlenden Überblick
und an meinen begrenzten Kräften.
Es fällt mir schwer zu glauben,
daß nicht Zerstörung die Welt beherrscht.
Ich weiß nicht, wo ich anfangen soll,
wo mein Ansatzpunkt ist.
Und selbst wenn ich ihn finde,
scheint mir alles so hoffnungslos zu sein.
Was kann einer tun
gegen die Übermacht der Zerstörung in der Welt?*

*Das ist die faule Frage, in die ich mich rette.
Die Antwort steht schon fest: „Nichts!"
Und damit drücke ich mich
vor der engagierten Mitarbeit.
Es ist ein Trick, mit dem ich mich selbst belüge.*

*Es geht nicht um die Veränderung der ganzen Welt,
sondern um meinen Einsatz hier und jetzt,
da, wo ich ich es begreife, wo ich helfen kann,
wo meine Mittel gefragt sind.
Um nichts anderes geht es.*

*Ich leide unter meiner Gleichgültigkeit
und Gefühllosigkeit.
Nichts erreicht wirklich mein Herz.
Ich lebe wie in einem Glashaus,
von dem aus ich alles sehen kann,
aber von nichts betroffen werde.*

*Ich weiß,
daß meine Aufnahmefähigkeit begrenzt ist.
Aber setze ich die Grenze zu früh,
um mich zu schützen?
Verliere ich gerade dadurch mein Leben,
daß ich versuche, es zu sichern?*

Ich leide daran,
daß die Wiederholung alles aushöhlt.
Auch das Schönste wird alltäglich.
Ich aber will es festhalten,
und in mir schreit etwas,
wenn ich merke,
daß das nicht geht.

Ich versuche es trotzdem.
Ich halte es in Bildern fest,
in Aufzeichnungen und in Erinnerungen,
die als Reichtümer tief in mir liegen.
Aber alles ist der Abnutzung unterworfen.
Es gibt ein auslöschendes Verblassen.
Die Aufregung und das Feuer sind weg.

Nur das Schöpferische in uns,
unsere Erfindungskraft
rettet uns.
Sie müssen wir erhalten,
weil unser Leben an ihr hängt.

Ich leide unter den Fehlern meiner Vergangenheit.
Ich war kurzsichtig, respektlos, dumm.
Ich habe bevormundet und es als Liebe verstanden.
Ich habe mich zu wichtig genommen
und bin dadurch blind für andere gewesen.
Ich war fürsorglich und habe dabei entmündigt.
Ich habe mich verschlossen, um mich zu schützen,
und wurde dabei unerreichbar.

Ich leide, weil ich sehe,
daß meine Handlungen und Einstellungen
anderen Schmerzen bereitet haben.
Aber vielleicht konnte es für sie
auch nicht ohne Schmerzen abgehen.

Ob ich wohl immer noch so viele Fehler mache,
sie aber erst in zehn oder zwanzig Jahren
als solche erkennen werde?

Ich bin nur verantwortlich für das,
was ich erkannt habe,
aber ich bin verantwortlich dafür,
daß ich mehr und mehr erkenne
und bewußter werde. Darin sehe ich meine Chance.

*Ich leide an Überforderung.
Manchmal komme ich mir wie ein Jugendlicher vor,
von dem man die Handlungsweisen
eines Erwachsenen erwartet.
Man erhofft sich Orientierung und Weisung von mir.
Dafür fühle ich mich nicht reif.*

*Das Leben verlangt mir etwas ab,
was ich nicht habe.
Die Schuhe, in denen ich gehen soll,
sind mir einige Nummern zu groß,
aber ich muß so tun,
als ob ich sie tragen könnte.*

*Doch habe ich mir das Leben so gewählt.
Vielleicht habe ich mich unbewußt
in diese Lage gebracht, um wachsen zu müssen.*

*Wenn ich nicht wüßte,
daß es anderen auch so geht
und daß wir gerade an den Aufgaben reifen,
die größer sind als wir,
dann würde ich verzweifeln
unter dieser Überforderung.*

*Ich leide an mir selbst.
So wie ich mich an mir freue,
so enttäusche ich mich auch.
Ich habe ein Bild von mir und merke,
daß ich dem Bild nicht gerecht werden kann.*

*Ich sehe, wie ich sein könnte
und wie ich bin.
Ich genüge mir nicht,
und doch kann ich das Bild nicht loslassen.
Ich versuche weiter, der Gute, der Hilfsbereite,
der Aufmerksame und Liebende zu sein.
Wenn es mir nicht gelingt,
leide ich an meiner Unzulänglichkeit.*

*Ich bin zwei Menschen.
Ich stehe und ich falle.
Ich lache und ich weine.
Ich bin erfolgreich und versage.
Ich habe ein Ziel erreicht
und fange doch erst an.*

*Ich leide daran,
daß ich nicht genug geliebt werde.*

*Ich will nicht nur gemocht werden.
Ich will nicht bewundert werden.
Ich will nicht verehrt werden.
Ich will nicht versorgt werden.
Ich will nicht bemitleidet werden.
Ich will nicht behütet werden.
Ich will nicht gelobt werden.
Ich will nicht verwöhnt werden.
Ich will nicht gebraucht werden.*

*Ich will geliebt werden.
Aber was heißt das?*

Ich leide manchmal an Gott.
Ich erlebe ihn voller Widersprüche,
die ich nicht auflösen kann.
Er gibt sich nicht zu erkennen.
Er bleibt dunkel.
Ganze Menschenrassen zerstören sich gegenseitig
im Kampf um ihn.
Manchmal ist er unser tiefster Traum nach Erlösung,
und dann wieder haben wir Angst vor seiner Härte.

Wie kann er Liebe sein
und die Welt so lassen?
Wie kann er souverän handeln
und uns dabei nicht unsere Freiheit nehmen?
Wie kann er verletzbar
und zugleich allmächtig sein?

In meiner Sehnsucht nach festem Wissen
bleibt mir am Ende nur der unsichere Glaube.
Ich habe nur Bilder von ihm,
nur Vergleiche und Annäherungen.
An ihnen leide ich,
und doch sind sie auch Ursprung meines Glücks.

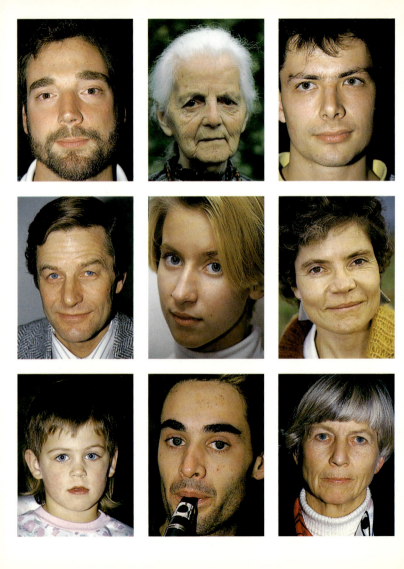

Ich leide unter dem Abstand,
der manchmal zwischen uns besteht.
Du bist weit weg, und ich finde nicht zu dir.
Ich gebe mir Mühe, dich zu verstehen,
aber es gelingt mir nicht.

Ich merke, daß ich deine Worte
mit meinen Begrenzungen höre.
Ich fülle deine Worte so,
wie ich sie meinen würde,
wenn ich sie sagte,
und achte dabei nicht auf das,
was du meinst.
Ich höre an dir vorbei,
und vielleicht hörst du manchmal etwas,
was ich gar nicht sage.

Ich will nicht aufgeben,
dich zu hören,
mich in die Worte hineinfinden,
die du sagst,
und über die Worte hinaus
das Herz hören,
aus dem sie gesagt wurden.

Ich leide unter deiner Abwehr.
Du wirkst kalt und hart.
Wenn du dich gegen mich auflehnst,
kommst du mir so fremd vor.
Dann denke ich, daß du mich nicht meinen kannst.
Du wirst deinen Ärger nur an mir los,
weil ich dir am nächsten bin.

Aber vielleicht mache ich es mir zu einfach,
wenn ich meine, daß du dich nicht
so über mich ärgern müßtest.
Ich weiß, daß ich blinde Flecken habe,
Stellen, die ich nicht sehen kann.
Ich spüre deine Kälte, aber auch meine.
Ich sehe deine Fehler, aber auch meine.

Vielleicht wird deine Abwehr mir helfen,
mich selbst besser kennenzulernen.
Ich leide unter meinen blinden Flecken.
Sie trennen uns.

*Ich leide daran,
daß meine persönliche Veränderung
manchmal so langsam geht.
Wachstum ist mühsam.*

*Ich habe etwas begriffen.
Ich weiß, wie ich sein will,
wie ich reagieren will,
was ich tun will und was nicht mehr,
und dann kommen doch die alten Muster
immer wieder von neuem durch.
Dann spüre ich, wie gefangen ich bin
in meiner Vergangenheit, in den Gewohnheiten,
die mich seit Jahrzehnten geprägt haben.
Vieles läuft so schnell ab,
daß ich nicht die Möglichkeit habe,
einzugreifen und neu zu reagieren.*

*Ich will bewußter leben
und immer weniger automatisch tun.*

*Ich leide an der Spannung,
die uns trennt.
Wir bewegen uns vorsichtig und ängstlich
um einander herum.
Fast alles ist gefährlich,
weil es so leicht
falsch gedeutet werden kann.*

*Ich will Worte finden
und der Spannung eine Gestalt geben,
so daß wir sie ansprechen können.*

*Ich will keinen Druck ausüben
durch mein Stillsein.*

Ich leide an deiner Verschlossenheit.
Du ziehst dich zurück und bist unauffindbar.
Ich klopfe an, aber du machst nicht auf.
Ich rufe, aber du scheinst nicht zu hören.
Ich habe dich bisher ermuntert, ermahnt,
herausgefordert, aber dich damit nicht erreicht.

Ich bin nun dabei zu lernen,
daß ich dich nicht aus dieser Haltung
herausholen muß.
Ich lasse dich in deiner Abgeschlossenheit.
Ich werde dich weder bitten zu kommen,
noch werde ich dir Vorwürfe machen.

Vielleicht lerne ich sogar,
mein Leiden an deiner Verschlossenheit loszuwerden,
um dir mehr Raum zu lassen,
damit du dich nicht mehr meinetwegen veränderst,
sondern weil du es so willst.

Ich lerne, dir dein Leben zu lassen
und auch selbst zu leben.

Ich leide manchmal an deiner Einseitigkeit.
Du bist anders als ich, du siehst die Welt anders,
du handelst anders, du fühlst und erlebst anders,
und auch wenn ich es manchmal nicht verstehe,
so will ich deine Andersartigkeit respektieren,
weil ich weiß, daß du so geworden bist
durch die vielen Erfahrungen deines Lebens.

Kannst du mir das auch zugestehen,
oder willst du mich so haben, wie du bist?
Soll ich so reagieren wie du,
soll ich dasselbe gut finden
und glücklich sein, wenn du es bist?
Darf ich dir widersprechen,
und bist du bereit, meine Sicht der Welt zu hören?

Ich kann so tun, als ob ich wie du wäre,
dafür dürfte ich aber nicht zeigen,
wie ich wirklich bin. Es wäre eine Täuschung.
Oder willst du, daß ich immer kämpfe?

Beides bringt uns Leid.
Gib mir den Raum, der zu sein, der ich bin,
und ich will es mit dir ebenso tun.

*Manchmal leide ich daran,
daß du so oberflächlich auf mich reagierst.
Du scheinst gleich alles zu verstehen
und bist nicht vorsichtig genug mit dem,
was ich dir anvertraue.
Dann kann ich das, was tief in mir steckt,
nicht aussprechen und sichtbar machen.*

*Du antwortest so voreilig.
    Ich will keine Antwort.
Du hast schon gleich eine Erklärung.
    Ich will nichts erklärt haben.
Du hast ein System, in das das Gesagte paßt.
    Ich will keine philosophischen Gebäude,
    sondern nur von meiner Ahnung reden.
Du zitierst jemand,
der meine Gedanken auch schon gesagt hat.
    Ich will keine Zitate, sondern Erleben.
Du machst alles so durchsichtig.
    Ich will beim Mysterium des Lebens bleiben.*

*So bleibe ich allein mit meiner inneren Welt
und fange manchmal erst gar nicht an zu reden.*

Ich leide an deiner inneren Abwesenheit,
die manchmal so fühlbar da ist.
Du bist weit weg in deinen Gedanken.
Bist du bei deiner Arbeit,
erlebst du die Vergangenheit noch einmal,
oder bewegen dich Ängste um die Zukunft?
Hast du Mühe mit mir?
Ich komme bei dir kaum noch vor.
Wir leben in getrennten Welten.

Aber auch wenn ich daran leide,
will ich dich ernst nehmen in deinem Bedürfnis
nach dieser Distanz.

Und trotzdem will ich dich bitten,
das Risiko einzugehen,
mich in deine innere Wirklichkeit einzuladen.
Ich würde gern an deiner Seite stehen
und diese stille Welt mit dir teilen.

Ich will nicht viel reden,
sondern einfach nur da sein.

*Weil wir beide an der Zerbrochenheit der Welt
und an unserer eigenen Unvollkommenheit leiden,
haben wir etwas zu teilen.
In unserer Not sind wir Verbündete.
Wenn wir unser Leid zugeben,
wird es uns verbinden,
und darin liegt unsere Chance.
Vielleicht verbindet uns das Leid enger
als die Liebe,
weil in dem Leid weniger Illusion ist
und weniger Selbsttäuschung.*

*Könnte unser Leid das sein,
was uns zueinanderfinden läßt,
so daß wir reich an Nähe werden,
die wir sonst so nicht kennengelernt hätten?*

*Ich will mit dir das Leid umwandeln
in Reife und Wachstum.
Ich will das Leid weder verdrängen noch veredeln,
ich will es nicht totschweigen,
aber auch nicht zum Mittelpunkt machen.
Ich will lernen, mit ihm umzugehen,
weil es Teil des Lebens ist.*

Grunderfahrungen des Menschseins

Diese Bücher befassen sich mit den Grunderfahrungen des Menschseins: Suchen, Wagen, Staunen – Leiden, Hoffen, Lieben – Träumen, Glauben, Feiern. Es vergeht kaum ein Tag, an dem wir uns nicht in ihrem Bereich bewegen. Ich habe versucht, ihre Inhalte in Worte zu fassen, sie greifbarer zu machen, bewußter mit ihnen umzugehen.

Was suchen wir eigentlich? Was gilt es zu wagen, damit wir erfüllter leben können? Wie können wir lernen, die Welt um uns wieder zu feiern? Wovon träumen wir, und gelingt es uns, diese Träume zu verwirklichen, oder leiden wir nur unter ihnen?

In dieser Buchreihe will ich versuchen, das, was wir oft nur unklar in uns fühlen, sichtbar werden zu lassen. Ich hoffe, daß sich Leserinnen und Leser in manchen dieser Gedanken wiedererkennen und so sich selbst und andere besser verstehen lernen.

Meine Fotos sollen dazu beitragen, diese Wege ins eigene Leben und Denken besser zu finden. Bilder sprechen manchmal direkter als Worte.

Der Aufbau eines jeden Bandes dieser Buchserie ist so, daß in der ersten Hälfte die allgemeinen Texte zu finden sind, während sich die Texte der zweiten Hälfte auf die Beziehungen zwischen zwei Menschen konzentrieren.

Ich wünsche meinen Leserinnen und Lesern – ob sie nun nur einen Text, einen Band oder die ganze Serie lesen und betrachten, daß sie sich selbst dabei ein wenig näherkommen und ermutigt werden, aktiver an der Gestaltung ihres eigenen Lebens mitzuwirken.

Ulrich Schaffer

Ulrich Schaffer wurde 1942 in Pommern geboren, wohnt aber schon seit 1953 in Kanada. Nach dem Studium arbeitete er von 1970 bis 1981 als Dozent für europäische Literatur an einem College bei Vancouver. Seit 1981 ist er freiberuflich Schriftsteller und Fotograf. Er ist verheiratet und hat zwei Töchter.

Es gibt von ihm vierzig Bücher, von denen fünfzehn Bildbände sind. Die Gesamtauflage seiner Bücher beträgt inzwischen über eine Million.

Ulrich Schaffer ist meistens zweimal im Jahr zu Lesungen in Europa, weil es ihm wichtig ist, den direkten Kontakt mit seinen Lesern zu halten.

Ulrich Schaffer schreibt aus seinem Erleben heraus und reicht so in das Erleben anderer hinein. Ihm geht es immer wieder um die Fragen, die die meisten Menschen bewegen: Was ist der Sinn? Wie kann ich lebendig leben? Wie finde ich den Weg zum andern? Diese Buchserie ist ein Ausdruck der Beschäftigung mit solchen Fragen.

In gleicher Ausstattung liegen vor:

ich suche...
Zum Herzen des Lebens vordringen

ich wage...
Etwas einsetzen, um Leben zu gewinnen

ich staune...
Das Wunder des Lebens entdecken

ich hoffe...
und verschlossene Türen tun sich auf

ich liebe...
und die Welt entfaltet sich